양육성경동화 구원

말씀으로

이스라엘 백성들은 애굽 나라에서 종으로 살고 있었어요.
바로왕은 이스라엘 백성들에게 힘든 일을 시키고 채찍질을 하며 괴롭혔어요.
그러던 어느 날, 하나님께서 고통받는 백성들을 위해 모세를 부르셨어요.

"모세야~ 너는 가서 전하여라. 내가 너희의 하나님이 될 것이다.
아브라함과 이삭과 야곱에게 주기로 맹세한 그 땅으로
너희를 데리고 가서 그 땅을 너희에게 주어
너희의 소유가 되게 하겠다. 나는 주다."

하나님은 아브라함에게 약속했던 축복의 땅 가나안으로
백성들을 인도하셨어요.

"이야~ 드디어 우리가 출애굽의 은혜를 누리게 되다니,
이게 꿈이야, 생시야."
"이제부터는 벽돌 쌓는 일을 안 해도 되는 거야. 종살이에서 벗어났어."
"모세 만세~ 만세~"
"우리는 해방되었다~"

그리고 애굽 땅에서 종살이하던 430년을 마친 그날 밤은
'주님의 밤'이라 불리게 되었어요.

지도자인 모세와 동생 아론의 지휘를 받아 군대를 편성하였어요.
그렇게 긴 여정은 계속되었지요.
모세가 지팡이를 세우며 명령했어요.

"우리는 주님께서 우리에게 주겠다고 약속하신 곳으로 가야 해요."

백성들은 젖과 꿀이 흐르는 가나안을 향해 떠났어요.

백성들은 오랫동안 애굽에서 시키는 일만 했는데
어떻게 광야를 헤쳐 나갈까요?
그들은 시내 광야를 떠나서 구름이 바란 광야에 머물 때까지 행군해 갔어요.

"엄마, 햇볕이 쨍쨍해서 너무 따가워! 물이 먹고 싶어!"

아이들은 떼를 쓰며 울기 시작했어요.

"애들아, 조금만 힘내서 걸어가자.
저기 하늘을 봐. 구름 기둥이 우리를 덮어 주잖아."

아이들은 금세 빙그레 웃으며 토끼랑 나비구름에게 손을 흔들었어요.

깜깜한 밤에는 맹수들이 으르렁거리기도 했어요.

"쓱싹쓱싹, 크흐흐흐…."

아이들은 또 울기 시작했어요.

"아빠, 무서워. 이상한 짐승 소리가 들려."
"얘들아, 하나님이 우리를 지켜주실 거야."

바로 그때 빨간 불기둥이 내려왔어요.

"저기 하늘에 불빛이 보이네."

그러자 아이들은 울지 않고 편안하게 잠을 잤어요.

그들은 하나님 말씀처럼 들리는 은나팔 소리에 맞춰 걸었어요.
그러던 어느 날, 약속의 땅으로 가던 걸음을 멈추며 누군가 말했어요.

"우리 여기서 쉬어 가기로 해요.
계속 걷느라 너무 힘들어요."

모두 조금씩 지쳐 가고 있었어요.

말없이 듣기만 하던 먹쇠 아저씨도 한숨을 푹푹 내쉬었어요.

"애굽에서는 생선을 공짜로 먹던 날도 많았는데….
생선 굽는 냄새를 맡을 수조차 없으니, 너무한 것 아니오?"

여기저기서 불만이 쏟아졌어요.

"아무리 광야 시절이라지만 하늘에서 내려 주신 양식도 싫증이 나요."

듣고 있던 다솔이도 가만가만 이야기했어요.

"나도, 나도 오빠들이랑 맛있는 고기 먹고 싶다."

그러던 중, 한 사람이 말했어요.

"우리는 언제쯤 고기를 실컷 먹을 수 있습니까?
맨날 만나만 먹으니 힘이 없어요."

말을 듣고 있던 삼돌이가 끼어들었어요.

"있잖아, 지난번에 돌쇠네가 그랬는데
박한 식물을 먹으니 애굽으로 돌아가고 싶대."
"아~ 나도 생선이 눈에 선하구먼."

그렇게 백성들은 옛날을 그리워했지요.

백성들은 모세를 향해 고함을 쳤어요.

"제발 우리가 먹을 수 있는 영양가 높은 고기를 주세요!"
"애굽에서는 먹을 것은 걱정이 없었는데….."

백성들은 주저앉아 땅을 치며 통곡하였지요.
모세는 주님께 울면서 부르짖었어요.

"주님! 어찌하여 주님의 종을 이렇게도 괴롭게 하십니까?
왜 저에게만 백성들의 짐을 맡기고 힘들게 하십니까?"

어디선가 주님의 음성이 들려왔어요.

"너희에게 고기를 줄 터이니, 너희가 먹게 될 것이다."

모세가 깜짝 놀라 사방을 두리번거렸어요.

"아니, 주님께서 양 떼와 소 떼를 다 잡은들 만족하겠습니까?
저 백성들이 어찌 배불리 먹을 수 있단 말입니까?"

그런데 어떻게 된 일일까요?
갑자기 바람이 세차게 불더니
바다 쪽에서 메추라기가 떼 지어 떨어지는 게 아니겠어요?

삼돌이 아저씨가 하늘을 보며 외쳤어요.

"저기 좀 봐! 하늘에서 메추라기가 쏟아지고 있어!
바로 우리가 바라던 그 고깃덩어리가 내려오잖아!"

모두 우르르 몰려가서 메추라기를 담기 시작했어요.

"야호~ 만세~ 바구니에 가득 담아 갈 거야."
"이야, 벌써 몸에서 힘이 생기고 있어.
이걸 먹으면 내 팔뚝이 근육질로 변해 가겠지."

백성들은 배불리 먹고 행군 나팔 소리를 따라 진군했어요.

어느덧 그들은 낯선 땅 '가데스'에 도착했어요.
앞줄에서 깃발을 들고 있던 사람이 뒤를 돌아보며 외쳤어요.

"여러분~~ 여기 큰길로 쭉 가면 가나안 땅에 도착할 수 있습니다!"
"와우~~ 그게 정말이야?"

그들은 기쁨의 환호성을 지르며 서로 얼싸안고 춤을 추었어요.
그런데 모세는 웃지 않았어요.
왜냐하면 에돔왕이 군대를 거느리고 길을 막고 있었기 때문이에요.
모세는 하늘을 올려다보며 혼잣말을 했어요.

"과연 에돔왕이 자기네 땅을 밟고 가라고 비켜 줄까?"

백성들은 멈춰 서서 가데스 성읍의 영토를 바라보았어요.

"우와~ 영토 경계에 있는 파릇파릇한 보리가 바람에 출렁거리고 있어!"

"저기 포도원에도 포도가 주렁주렁 탐스럽게 매달려 있어!"

"역시~ 여기는 가나안과 가까워서 기름진 땅인가 봐. 열매들이 토실토실해!"

그때 백성들이 모세에게 질문을 하였어요.

"우리는 '왕의 길'이라고 써진 푯말을 따라가면 되는 거죠?"

모세는 대답을 하였어요.

"여러분! 이 땅은 가나안으로 가는 지름길이 맞습니다.
그러나 우리가 이 땅을 지나갈 수 있을지는 모르겠습니다.
제가 에돔왕에게 이 땅을 밟을 수 있게 해 달라고
서신을 보낼 테니 합심하여 기도해 주세요."

모세의 말이 끝나기가 무섭게 백성들은 두 손을 높이 들고 소리를 질렀어요.

"이 길로 가면 꿈에도 그리던 복된 땅에 도착한다니 감격이야!"
"암만, 암만…. 기도하고 말고요!"

그들은 애타게 부르짖었어요.

모세는 에돔왕에게 간절한 마음을 담아 편지를 보냈어요.

"임금님의 영토 안에 있는 밭이나 포도원에는 절대로 들어가지 않겠습니다.
샘물도 마시지 않겠어요. 우리가 주요 도로만 밟도록 허락해 주십시오."

에돔왕은 곧바로 답장을 보냈어요.

"당신들은 절대로 나의 땅을 지나가지 못합니다."

모세는 걱정이 태산 같았어요.

"에돔 땅을 통해 지나가면 가나안에 빨리 도착할 텐데. 어떻게 해야 할까요?"

"아~ 이럴 수가."

결국 가데스 땅엔 한 발짝도 딛지 못하고 호르산으로 가게 되었어요.

"흑흑흑…. 호르산에서부터 홍해 길을 어떻게 돌아서 간단 말인가?"

백성들은 마음이 조급해져 곧바로 모세를 향해 삿대질을 했지요.

"어찌하여 우리를 애굽에서 데리고 나왔습니까?
이 광야에서 우리를 죽이려는 겁니까?"

그들은 은혜를 잊어버리고 또 아우성을 쳤어요.

"먹을 것도 없습니다. 마실 것도 없습니다. 아이고, 여기서 그냥 죽는구나."

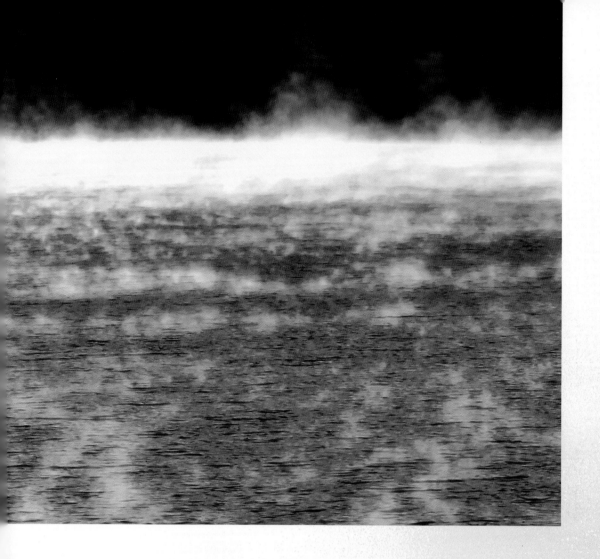

하나님께서는 백성들의 탄식 소리를 들으며 애통해하셨어요.

그리고 백성들에게 불뱀을 보내셨어요.

지금 이 땅에 무슨 일이 일어난 걸까요?

불뱀에 물린 사람들이 서서히 죽어 갔어요.

"어~ 어~ 이것 봐. 내 몸이 불덩어리 같아.

내 몸에 피가 점점 멈춘 거 같아."

"아이고, 나는 어떡하면 좋아. 흑흑흑…. 내가 여기서 죽는구나."

백성들의 슬픈 울음소리가 퍼져 나갔어요.

그러자 지혜로운 몇 사람은 모세에게 부탁하였어요.

"우리의 지도자! 모세 선생님, 제발 우리를 도와주세요.
우리는 주님을 원망하는 죄를 지었습니다.
이 뱀이 우리에게서 물러가도록 기도해 주세요."

모세는 하늘을 향해 무릎을 꿇고 두 손을 들어 통곡하며 울부짖었어요.

"하나님, 나의 하나님!"

모세에게 하나님의 말씀이 들려왔어요.

"모세야, 너는 놋으로 뱀을 만들어 기둥 위에 매달아 놓아라.
물린 사람은 누구든지 그것을 보면 살 것이다."

모세가 답했어요.

"제가 만든 모형을 바라보기만 하면 살 수 있단 말입니까?"

모세는 놋뱀을 만들어 매달아 놓은 장대를 가리켰어요.

"여러분, 이것을 보십시오! 누구든지 뱀에 물린 사람은
이 놋으로 만든 뱀을 쳐다보면 살아날 것입니다!"

모두가 숨죽이고 토끼 눈을 한 채 아무 말도 하지 못했어요.

얼마쯤 흘렀을까요?

여기저기서 갑자기 웅성거리기 시작했어요.

"우리가 들은 게 사실이야? 말도 안 되는 소리지?"

"그러게, 저게 뭐라고 살아나겠어?"

곁에 있던 사람이 맞장구를 쳤어요.

"저기 매달린 놋 나부랭이가 무엇이라고 효능이 있단 말인가?"

"당장 독을 빼내야 살 수 있다고! 우리는 지금 해독제가 필요하단 말이야!"

바로 그때였어요.

한 청년이 사람들을 밀치며 앞으로 나오는 게 아니겠어요?

"혹시 알아요? 말씀에 순종하면 구원을 받을 수도 있잖아요."

그 말을 들은 사람들의 눈이 휘둥그레졌어요.
그리고 수염이 긴 할아버지가 천천히 이야기를 했어요.

"이 늙은이가 한마디만 하겠소. 나는 저기에 있는 놋뱀을 바라볼 거요."

모두 귀를 의심하며 얼음처럼 얼어붙고 말았어요.
그때 몇 사람이 일어서기 시작했어요.

"나도, 나도 그렇게 하겠습니다."

여기저기서 소리가 터져 나왔어요.

"죽어 가는 사람의 문제까지 해결해 줄 수도 있잖아요."
"나도 저 할아버지처럼 말씀에 순종할 거예요."

마침내 그들은 높이 매달린 놋뱀을 두 눈으로 똑똑히 보았어요.
바로 그때 놀라운 기적이 펼쳐졌어요.

"아! 이럴 수가!"
"오! 누구도 들은 적도 본 적도 없는 구원의 은혜가
이곳에서 펼쳐지다니…."

불뱀에 물린 사람들이 한 명, 두 명, 세 명…
회복되기 시작했어요.

모세는 더욱 강하고 담대하게 선포했어요.

"여러분은 독이 퍼져 죽게 되었습니까?
지금, 누구든지 기둥 위에 매달아 놓은 놋뱀을
쳐다보기만 하면 살아날 것입니다."

하나님의 말씀을 믿고 순종할 때,
살아나는 능력이 덧입혀지는 순간이었어요.

어떻게 된 일일까요?
사람들은 어떤 행동도 하지 않았어요.
아무런 말도 하지 않았어요.
놋뱀이 능력이 있어서가 아니었지요.
오직 하나님의 말씀을 믿었기 때문에 구원이 이루어진 거예요.

| 출애굽의 은혜
'지도자 - 모세'
언약백성 - 복된 땅 | | 인도하심
구름 기둥, 불기둥
(습관, 태도) | | 구원
놋뱀 = 십자가
순종의 원칙 |

- 이스라엘 백성 ➜ 하늘 양식(만나 + 메추라기)을 공급
- 나의 길 ➜ 인도하심 + 보호하심의 은총을 약속
- 광야(40년) ➜ 종살이(익숙함) ➜ 고난 + 훈련 + 연습, 학습
  = **가나안 입성**

주님께서 기뻐하시는 길 = 주님을 높이고 영광이 되도록 집중

주님(말씀)을 따르는 삶

구원

사진   윤병상 목사

신북교회에서 영혼 구원과 열방을 향한 비전을 선포하고 '성령님 인도
하심을 따르는 교회'로서 '그리스도인다움(정체성)'을 세워 가며,
자연이 주는 행복을 표현하였다. 저서로는 《믿고 기도하라 기도하고
믿으라》, 《지혜로운 생각》이 있다.

글   정진숙 교수

상담심리학을 전공하고 교회에서 양육사역부 강사와 동아보건대학교
겸임 교수로 활동하며 《긍정심리동화》, 《놀이지도》를 집필하였다.
장년부 성경 동화의 장르를 떠올리며 말씀과 양육의 키워드를
추출하고자 하였다.

말씀으로

1판 1쇄 발행 2022년 2월 17일

지은이 정진숙

편집 홍새솔

펴낸곳 하움출판사
펴낸이 문현광

주소 전라북도 군산시 수송로 315 하움출판사
이메일 haum1000@naver.com   **홈페이지** haum.kr

ISBN 979-11-6440-924-2 (03230)

좋은 책을 만들겠습니다.
하움출판사는 독자 여러분의 의견에 항상 귀 기울이고 있습니다.